Q文库

为什么父母这么烦人？

なぜ親はうるさいのか

[日]田房永子 / 著
禾每文 / 译

贵州出版集团
贵州人民出版社

父母普遍都很烦人

你不觉得父母很烦吗?
同感
是的。
我懂。
BUS
开往学校
车站

烦人的形式多种多样
喂！再不去写作业就写不完了！
快点去洗澡！
快把衣服从洗衣机里拿出来！
这些都是『快点去干』型的烦人
我……我现在就是要去干的啊！

你去哪了，回来这么晚？！
不想回家就别回来了！！
咆哮型烦人
到底要怎样啦？！
你这成绩是怎么回事啦！
挖苦讽刺数落
也不帮忙干点家务，你可真是。
前几天还搞出那种事，能不能消停点啊你？！
絮絮叨叨
唠叨型烦人
学习的时候要不要这样？社团怎么选啊？你要这样做吗？妈妈觉得那样做比较好哦！不过，那样做或许也不错哦，要不将来这样吧……
给建议型烦人
唉！
那谁家的孩子考进××大学了，你估计是不行吧？哈哈哈……
啤酒
对比贬低型烦人

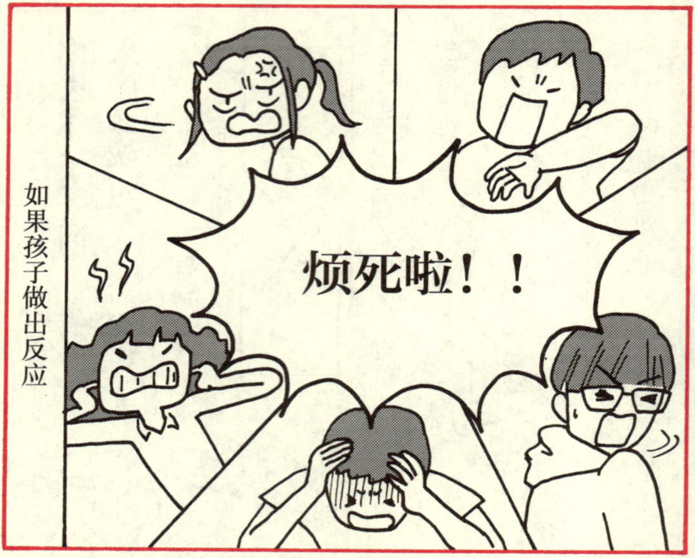
如果孩子做出反应
烦死啦！！

父母又会这样反驳
你怎么回事，我这么说还不都是为了你好！
你这样将来进入社会后是会吃亏的！
“为了你”型
瞧，简直跟你爸一模一样！
“牵连爸爸”型

你怎么跟父母说话的！
不想听的话现在就给我滚出去！
极端型
为什么你要这么跟妈妈说话？
妈妈要被你气病了！
抽泣
抽抽搭搭
突然柔弱型
哟哟哟，劲头很足嘛
好家伙
嘲弄型
喂！不准那样和你爸说话！
横插一杠子型
如果一直被父母这样反驳，
呜……
孩子就什么都说不出口了。

我的妈妈以前也很烦人

把房间收拾一下啦！
有没有好好学习啊？！
多冷的天啊！你穿那点衣服会感冒的！！天太冷了！！
妈妈
我……
我知道啦！你真烦！！
14岁的我
独生女
我的妈妈比别人的妈妈要烦人1倍，甚至是100倍。
在本书中，我将把自己在成长过程中遭遇的『妈妈的烦人事件』从三个角度展开进行介绍。

烦死啦！
中学时期的我
什么都不懂
我其实希望她能这么做
成年后的我
对哪一点感到不舒服
孩子一方的感受
烦人事件
为人父母后的我
父母一方的内情
原来是这么回事啊……
同时也会为大家提供一些应对方法。

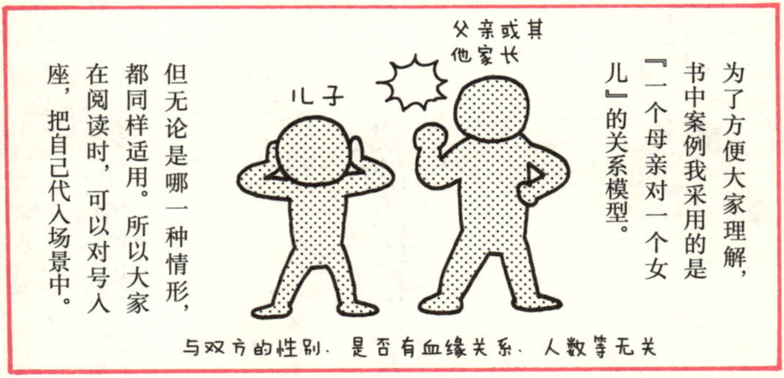
为了方便大家理解，书中案例我采用的是『一个母亲对一个女儿』的关系模型。
父亲或其他家长
儿子
但无论是哪一种情形，都同样适用。所以大家在阅读时，可以对号入座，把自己代入场景中。
与双方的性别、是否有血缘关系、人数等无关

即便不能熟练运用这些方法也没有关系，只要知道有那样的方法存在，就足够了！
来吧，让我们一起去探索父母烦人的真相吧！

目录

第 1 章

我的妈妈很烦人

我的妈妈有多烦人
生活上各种烦人的提醒自然不用说，
去学习去学习！！
快去！！
喂喂喂！！
快点快点！
这样做吧，那样做吧！
为什么会这样啊？
还有很多『烦人』根本就不明所以。
主要有这些表现：
不知为何突然发脾气
指责批评
咬定我的未来糟糕透顶
擅自替我决定一切
试图让我按照她的想法行事
假想我会有怎么样的困扰，然后开始为我担心
不明所以的烦人五花八门
现在，让我们具体来看一下这些烦人事件吧。

不知为何
突然发脾气
亲子聚会
笑语盈盈
大约5岁
时的我
盯着看
开心热闹
下次见喽，
拜拜
最后只剩下我和妈妈的时候
喂，我说你啊，
为什么要做那种事呢？
吓一跳

真是的！
消沉
愉快的心情一扫而光。
以后不准再做了，知道了吗？！
完全不知道她在说什么。
小学三年级的时候，
桃
用木板做的桃子
我参加了桃太郎的表演。
充满指责的学校演出
演出当天我表演得非常卖力，
用灰色的毛线做的假发
饰演老爷爷的是三田同学
我报名饰演了台词较多的老奶奶。
剧本

三田同学站错了位置。
紧张
搞得后面的同学都被幕布挡住了。
最后谢幕的时候，
日
演出结束后，
我演得怎么样啊？
我来到了妈妈身边，
僵硬
紧绷
再往那边走一点啦。
我给三田同学使了个眼色。
谢幕的时候你是在干吗啦？
为什么要推搡旁边的同学，太丢脸了！
热闹非凡
咔嚓
真是太棒了！

丢死人啦！
呆住
直接被无视，让我无所适从。
如果他站在那里的话，其他孩子就会被挡住啊。
那个
唉，烦死了烦死了。
并且在以后的日子里，只要一抓住机会就开始旧事重提，
您知道吗，她当时就这样使劲儿推别人，特别不成体统。
奶奶
唉。脸都被丢光了！
跟奶奶也说了一遍。
于是在后来的学校演出中，我选择了饰演『村民D』。
台词只有一句
因为总是被说，导致我自己也开始怀疑，是不是我把学校演出搞砸了，还因此失落了很久。

在穿衣方面唠叨不停
我初中的时候。
你能不能穿得时髦一点啊。
不要总穿这种衣服了。
看起来太寒酸了
又来了……
这也是你的常用台词。
你老是这样说，
那你倒是给我买好看的衣服呀！
用零用钱买的非常便宜的衣服
不花钱也是可以变时髦的啦。
快好好穿
虽然我不懂什么是时髦，但是妈妈所说的时髦似乎就是那些穿衣打扮时的小心思。
例如，衬衫上加一点刺绣点缀、鞋子上带上水钻装饰之类的。

只会
你穿的衣服看起来真奇怪，太奇怪了。
说一些听起来很笼统的话。
就算是这样，她也并没有告诉过我具体应该怎么做。
我才不会去加什么刺绣呢。
土死了……
有一次，我在学校
缝了一件衬衫。
居然真的缝出了一件衬衫！
我要穿着它出门。
啊？！
不行！怎么能穿自己做的衣服呢！
太不体面了！
什么？！
怎么了？！这不挺好的吗？
这就不是能穿出门的东西！
最后我还是没能穿成。

上小学的时候都是妈妈帮我选衣服
穿起来会刺痒的马海毛毛衣
带花朵图案的针织衫
看起来像红头发安妮一样的乡村风连衣裙
浑身都是美国人脸印花的帽衫
带有佩斯利花纹的衬衫
·不知道从哪里买来的奇怪的衣服
·成年人审美的衣服
那时候我非常羡慕穿着时尚的同学。
小惠的衣服是在哪里买的呀？
STAR
是在一个叫××的商场里买的。
我想穿××卖的衣服。
不可以！那里的不好看！！
可是，我所认为的时髦，
在你眼里又不是时髦。
我的心里总是五味杂陈。
所以我该怎么办啊？
??
所以
你能不能穿得时髦点啊？
为什么不好好穿呢？
每当被这么说的时候，

擅自替我决定一切
我小学五年级的时候
这周要上补习班。兴趣班先暂停吧。
什么??
一周里有好几天都要去补习班，根本没有玩的时间。
为什么啊??我不要！
话说回来，兴趣班本来也都是妈妈替我报的
你马上就要考初中了。
考试必胜！
发怒
考！
不考！
得考！
不会去考！
我才不要考试！
我想玩！
你得考啊。
不考！

你还是个孩子，什么都不懂！！
A
按照妈妈说的去做什么时候错过?!从来没有吧?!
B
乖乖听妈妈的安排就好！！
C
于是遭受了ABC这么一套组合攻击。
……
听完之后，我浑身无力、哑口无言。

打起精神好好学好不好？
难得要去考试，可别落榜了啊。
不知道什么时候给我请的家庭教师。
毫无干劲
ABC!!
ABC!!
就会遭受组合攻击酷刑。
还有上补习班的费用，可都是奶奶替我们出的哟。
你不觉得惭愧吗？
我不是都说了吗？我不想去考试啊！
如果试图解释，
后来，我终于如愿考进了妈妈心仪的私立初中。
这样一来，妈妈就不会再唠叨了！！

但是不知为何，她却变本加厉了。
让你上私立学校，你一点都不觉得感恩吗?！你也不想想是谁给你交的这么贵的学费!！
这可是你自己选择的路啊！
什么??
这成绩是怎么考的?！
期中考试成绩
好像是我自己求她考的私立学校一样。
不是妈妈硬要我去考的吗?
如果被老师劝退了怎么办啊?！
当其他孩子都在上学的时候你能干什么?
你就等着在街头流浪吧！
期中考试成绩

然后，妈妈给出的办法就是——家庭教师！
又来？！
请多关照
这都第几个了……
慢慢地，
知道了知道了，妈妈替你想想办法……
也搞不清楚究竟是谁在烦恼了。
替我吗？
听说××家的孩子会给家人做晚饭。好像还会烤苹果派呢。
××家的孩子特别喜欢运动，早晨6点就起来晨练了。你能不能多少跟别人学一学啊？
把自己的理想强加到我身上
妈妈理想中的女儿似乎是这样的：
清爽干净
健康有活力、喜欢运动
大方利落、对大人十分有礼貌
学习成绩好
早睡早起
用极少的零花钱就能打扮得很时髦（符合妈妈审美的）
不管是书包里还是房间里都很干净
有很多优秀的朋友
周末晚上我给大家做炖牛肉！大家就看我的吧！
还会努力尝试烤苹果派

不是吧，你要做饭吗？
嗯。
哎呀，你在干吗啦？
唉，实在是看不下去了！
喂，怎么了？
这个人说的都是什么话啊……
这样想着
真是的！！不是那样做的啦！！你快别做了！！不要多管闲事啦！！
妈妈说的话尽是
今后我再也不会做饭了！！
什么！！我错了吗！
在表达对我有多么的不满。
烦死啦！！
如果和她吵架的话，她就会这么说：
不想听的话就从家里滚出去！！
永远不要回来！！
一个人生活去吧！！

我最讨厌被这样说了。
她明明知道，一个初中三年级的孩子不可能离开家独自生活。而且如果我真的离家出走，她肯定又会生气。
我的身体不由自主地颤抖起来。
你不要明知道我没办法一个人生活，而且也不会那么做，还要故意说那种话！！
什么?！可以的啊，有初中三年级的孩子就在一个人生活啊。
可是不知道为什么，妈妈居然又是这样想的。
你可真是爱生气啊，以后注意点吧。
我真的已经搞不懂了。
妈妈总是跟我说一些讨人厌的话，
不行不行，你得再这样一点……
够了！烦死啦！！
我也会做出反应。
连堆个雪人她都要提意见

即便说了不要，也还是会继续做
我中学时的午餐基本就这三种。
店里卖的面包
牛奶
午餐面包
自己带便当
学校食堂
我妈妈不是很擅长做便当。
汤汁洒得黏黏糊糊，根本拿不出手
我刚才吃过了。
所以我刚上初中没多久，就告诉她以后不带便当了。
我不带便当了！
我买个面包就可以！
高中二年级时，有段时间每当我要出门去上学的时候，妈妈就
我出门了
这个！！
带着去吧！！
会递给我一个饭团。
就只有一个饭团。
还是用铝箔纸包着的

我真的很不想带这个饭团，
我不是都说不要了吗！！
抗拒得眼泪都要流出来了。
你赶紧给我带着！！我好不容易做的！！
就一个小小的饭团是要什么时候吃啦！
什么时候都可以啊。课间休息时就可以啊！
没有人会在教室里悠闲地啃饭团啦！
面对这个又凉又硬、被挤得不成样子的饭团，
不管是吃掉还是扔掉，都很令人痛苦。
可我实在没能找到吃它的时机。
NOTE
结果，饭团就在书包里被挤得惨不忍睹。

那个总是说我『你真是太不像样了，简直无药可救』的人做的饭团，
无论如何都不会吃的饭团。
我明明说了不要、不用做，
饭团还是被硬塞进了我手里。
有那么几次，我实在是不想拿，就把饭团放在了去学校路上的立柱上
（大概有两次）。
悲伤与负罪感同时向我袭来。
我居然把妈妈做的饭团扔掉了……
明明我不想做那种人。
当时真的是百感交集，特别难受。

身边的大人们总会这样说

奶奶
你妈妈这么严厉，都是为了你好啊。
等你长大以后，
就会明白父母的心情了。
你妈妈她也不想生气啊。
她也是用心良苦。
你可得好好感谢妈妈呀~
邻居家的阿姨
老师
天下无不是的父母啦。

会在某一天突然就明白了吗？
哇啊啊啊
我懂了！！
等你长大以后就明白了
会这样吗？
会以怎样的方式明白呢？
是这样啊。
大人
原来是因为这个才那么烦人的呀~
我好像懂了！！
妈妈做的事以及在学校发生的事，我全都记上了。
月3日 妈妈说都是为了我好，听了之后我觉得很厌烦，很不舒服……
7月6日 山口同学在教室捣乱被老师批评了。老师让他站在大家的面前，让他说会打扫铅笔屑……
我想等长大以后比对一下答案。
所以，现在把这些事全都记下来吧。
烦人事件

爸爸都在做什么呢？

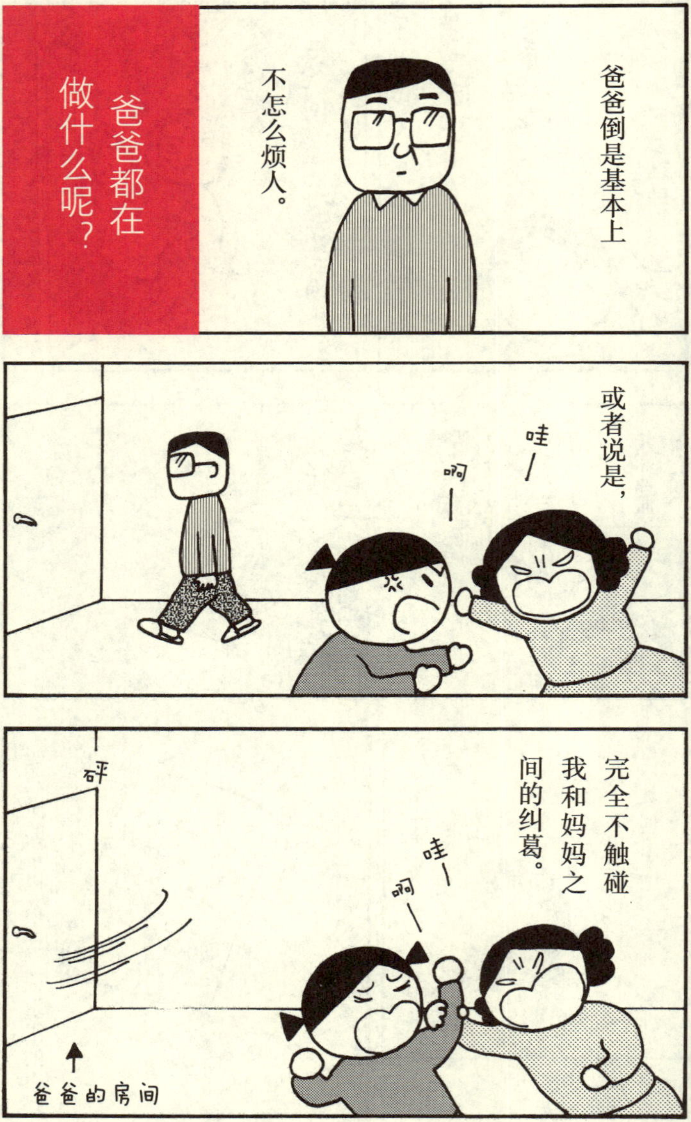

爸爸倒是基本上
不怎么烦人。
或者说是，
哇—
啊—
完全不触碰
我和妈妈之
间的纠葛。
哇—
啊—
砰
爸爸的房间

但他肯定也对妈妈的唠叨十分厌烦。
啊——
我一直都视爸爸为我的战友。
虽然爸爸什么都不说，
不知道是不是这个原因，记得在我上小学的时候，妈妈离家出走过一次。
砰
我不是保姆！
爸爸一点家务都不做。
炒饭做得特别咸。
那是我对爸爸做饭的唯一记忆。
吃不完就剩下吧。
当时爸爸给我做了炒饭。
不是……
不是太好吃。

高中毕业之前，所有的父母都很烦
我爸妈不让我在外留宿。
啊？
小美的爸妈真的好严格啊。
我爸妈不让我用传呼机[1]。
我爸妈说，哥哥是男孩子，可以交女朋友。
但我是女孩，所以不可以谈恋爱。
？
？
这算什么？
所以当时我也没想过：是不是只有我这样。
我先回家了哦，不然爸妈又得唠叨。
我们家有门禁……
拜拜~
因为大家的父母都很烦

1　传呼机：一种流行于20世纪90年代的小型无线信号接收终端。

可是到了高中毕业后，
前段时间我和朋友一起出去旅游了～
我也和男朋友出去玩了～
咋回事？
哦……是吗……
你们爸妈同意你们去吗？
嗯，最近他们不怎么唠叨了。
我家也是。
成年后的我
怎、怎么回事啊？大家这都是怎么了？？
那些从家里搬出去一个人生活的人，
真的还蛮感激父母的。
是啊。回家就有饭吃真是件了不起的事。
突然就开始感恩父母了。

父母真的好烦啊
明明过去大家都是一样的。
可一转眼就只剩我一个人了。
耶耶耶
自己的幸福
自己的人生
自己的生活
我爸妈还是和以前一样烦人呢，怎么办啊？
大家都已经是成年人了，再说父母烦人什么的，就太没出息了吧。
会被这样说。
郁闷
而且过了20岁后，突然就……

在我还未成年时
当妈妈说我不对的时候……
嗯……
是这样的吗？不对吧。
扑哧
等你长大后就明白了
啊？
プシュ
扑哧
总觉得哪里
等你长大后就明白了
嗯……
烦闷
觉得好奇怪
天下无不是的父母
啊？
啊？
太烦人了
你妈妈她不容易啊
啪
不要想那么多啦。

因为身边的大人们总是向我灌输这些『社会共识』，
等你长大了就明白了
人应该感恩父母
你妈妈她不容易啊
我决定封印自己的疑问，重新来过。
是这样啊，原来应该这么想啊。
可是过了20岁以后，
什么？
成年人要对自己负责
不要怪到父母的头上
这么大人了一点出息都没有
那些来自身边的『社会共识』仿佛又换了一波。
我把那些『生活中常见的言论』主动说给自己听，
啪嗒
是妈妈生养了我
是妈妈给我交的学费
还有比我更痛苦的人
呜呜
试图能够以此来与母亲和谐相处。
去干这个去干那个，你还小，什么都不懂！
我没有错，都是你不对！
直到现在，我的妈妈还是很烦人。

但是即便到了29岁，妈妈也还是唠叨。不仅如此，
是你不对，我没有错！！
就是
就是
就连爸爸也开始唠叨起来了。
唉，实在受不了了。
崩溃
父母对我不满意，我自己的生活也变得一团糟。
再也不想和父母纠缠下去了。
虽然努力想和父母好好相处，
可不知为什么总是事与愿违。
已经不想再努力了。
自从切断和父母的联系后，我的身心都变得十分轻松。
啊，好舒服。
和他们没有瓜葛真是太好了。
然而，

另一种『社会共识』出现了。
要认真面对自己的父母哦。就这样逃避下去好吗？你必须成熟起来。
你就原谅她吧，你妈妈她不容易。
你长这么大不都多亏妈妈的养育吗？
你得感谢她呀。
嗯……
20岁的我
又会被说要认真直面父母
状态明明已经比之前好很多了
烦人
痛苦
不在身边
终于……
不痛苦了
正是因为父母还健在，你才有机会说那种话
比你痛苦的人多了去了，你就知足吧
等父母百年之后你会后悔的
啊啊——

但强烈的负罪感和满心的迷茫，
我是不是做错了啊。
不要逃避
是自己的责任
等长大以后
还有比你更痛苦的人
应该知足
啊
又把我折磨得苦不堪言。
但是，我是绝对不可能再回到以前那种生活的。
听从了『社会共识』和父母的话，才造成了现在这种局面。
我真的非常痛苦……到底怎么办才好呢？
过去我就是因为一次又一次地
烦死了。好讨厌，好想摆脱。
是为了你好
我都是为了你
那是因为爱你啊
可是那些都是不对的啊。
为了排解心中的苦痛，我查找、阅读了很多有相似经历的人的分享，
父母 很烦
搜索
以及介绍亲子关系的书籍。

有一天，某本书里的一句话令我恍然大悟
如果父母不关心或漠视孩子的感受，将会对孩子造成巨大的伤害。这与父母的行为类型以及严重程度无关。
什么？
是这样的吗？
因为父母为我提供了衣食无忧的生活，并把我好好养大。
对于那些远比我痛苦的人，我再说那些话仿佛就是无病呻吟。
所以，我一直觉得自己没有痛苦的资格。
但是，我根本无法克制自己。
一边感到痛苦，一边又自责是我不对、是我自己的错。

回想起来，那些会让我感到痛苦的事情都有一个共同点，
不要做那种事啦！
我才不想考试！
你要考！！
我不要！！
快拿着！
可是如今看来，我们大可不必拿自己父母的行为来和别人比较。
父母
残酷
痛苦的人
父母
说不上残酷
我没资格痛苦。
这其实让我非常受伤。
原来不用和别人比较啊。
这是我第一次接纳自己的感受，原来我也可以痛苦。
那就是：我的感受每次都会被妈妈忽略。
通过这些书，我获取了新的『社会共识』。
自己的『痛苦』不必和他人的比较
接纳痛苦，允许自己感到痛苦
你可以讨厌自己的父母
原来大家还会从这种角度来看待问题啊。

第 2 章

尝试倾听自己内心的声音

我对妈妈的怨恨喷涌而出。
妈妈曾经做过的那些事都很过分，不是吗？！
自从我允许自己『痛苦』之后
如果孩子的感受得不到父母的关注，会给孩子带来很大的伤害
气呼呼呼
如果以此为衡量标准的话，
过去确实有很多个瞬间，我是多么希望妈妈能够耐心听听我的想法啊。
呼
我试着回顾了一下那些曾经『希望妈妈能够听到的话的感受』。

我一点也想不明白，
不准那样，真是的！！
妈妈究竟为什么会那么生气。
是的，没错……
虽然当时我没能说什么，
但是现在，我可以了。
表现得怎么样啊？
非常棒！
台词也说得很好！
我是多么希望她能跟我说这些话啊。
在那天回家的路上
一脸不耐烦的妈妈让我十分害怕。
唉！
我不禁将后背紧紧地蜷缩起来。
学校演出的时候
当时我十分激动，因为马上就可以让妈妈看到我的表演了。

是这样啊。
原来你把每个人都考虑到了啊。
如果遇到什么觉得奇怪的事，我希望她能耐心问问我原因。
谢幕的时候你为什么要推三田同学呀？
因为他站的位置会挡住后面的同学。
虽然看起来推得有点太用力了……
不过，演出很圆满！
嗯
就算是在别的大人看来有些『不成体统』，
没错。
如果把我的感受总结出来，就是这样的。
嗯，不用在意。没事没事。
但我希望至少妈妈可以支持我，做我的后盾。就是这种感觉。

那件在学校手工缝制的衬衫
也许穿出门去有点不合适。
也许会开线，
但是，做衣服的过程让我非常有成就感。
哇！
做出来了
好厉害！
好合适
把两块布缝起来，再翻过来就能变成一个袖子；亲手做出了自己穿着大小刚刚好的衣服。
因为之前看到妈妈也会穿自己做的衣服，
哇！第一次就做得这么好，好棒啊！
不错嘛！
所以我很笃定地认为，这次一定会得到妈妈夸奖。
直到妈妈给了我完全相反的回应。
那种东西怎么能穿出门啦，不可能！
这真的对我造成了很大的打击。

小学五年级的时候，我梦想成为一名漫画家。
所以每天放学回家后，我都会认真看漫画、画漫画，忙得不亦乐乎。
之前的初中升学考试
我自己也是有很多想法和情绪的。
可我并不好意思跟妈妈开口说自己想成为漫画家……
你将来有什么想做的事吗？
嗯。
什么？
我不想说。
好吧。
试卷
在问完我之后，
因为我一直都没能接受这个选择。
妈妈觉得你应该去上私立中学。
这个这个，这些就是理由
哦，应该去吗？
好歹也考虑一下我的意见，而不是不由分说地自己决定一切。

在我上中学后
变本加厉的妈妈
这样！
那样！
在整个中学阶段，有一种感受一直伴随着我。
啊哈哈
哈哈
唉
这里是妈妈替我选的学校，好像一切都是靠妈妈得来的。这种感觉真讨厌啊。
我几乎有一半的时间都在被它折磨。
在我上小学五年级到高中三年级这几年里，
妈妈特别暴躁，让人很难跟她相处。
我只希望妈妈不要管我。
就算在别人看来我可能毫无可取之处，
我也有我自己的优点啊（也许）。
当我不符合妈妈『理想中的女儿』的时候，我真的特别讨厌她来指正我。

但至少在妈妈的眼里，
孩子也在用她自己的方式努力啊。虽然有时候
也会有点不争气……
这孩子肯定没问题！
我出门了
我希望她能够这样看待我。
就算是自己无比亲近的孩子，
哎呀。
但我也希望妈妈能够给自己划一条界线，
这样说是不是太过分了。
哪些话能说，哪些话不能说。
我都说不需要啦！
对于那些我明确表示过『不希望她做』的事，
拒绝饭团
希望妈妈可以尊重我的想法，然后停止那些行为。
带饭团

但是她却不理解我的感受，
这真的让我非常痛苦。
因为我不想做把妈妈做的饭团丢掉那种过分的事情，所以才那么说的。
就是这种感觉……
我多么希望妈妈能够理解我，和我站在一边。
就这样，我试着靠近自己内心最深处的感受。
啊啊……
那种事就算说了
耿耿于怀
幼稚
可是，在我努力靠近的过程中，
那种事就算说了也没什么用
不要总是对过往的事耿耿于怀
过去的事是无法改变的
现在还说想要妈妈这样、那样，简直太幼稚了
ウッ
这些『生活中常见的言论』不断地在我的脑海中浮现。

不对！不是这样的！
不要耿耿于怀
不要怪父母
感觉要被拉到那一方了。
不要怪父母
过去的事是无法改变的
不要总是对过往的事耿耿于怀
忘掉一切向前看，才是成熟的做法
啊，对吧，果然是那样的啊
每次一到这里就开始屈服于『社会共识』。
妈妈她不容易
这是因为他们爱你
是他们养育了你
都是为了孩子
这—样！那—样！
如果再这样做的话，被妈妈折磨的生活就会重新上演。
有更痛苦的人
应该知足
明明条件这么好
呜呜呜呜
自己的『痛苦』不必和他人的比较
不能再重蹈覆辙了！
我决定，从现在开始
接纳痛苦，允许自己感到痛苦
试着听从新的『社会共识』！

慢慢地，
我开始专注于倾听自己内心的感受。
在这之前，很多时候我都在克制自己的情绪。
妈妈都是为了你好
俗世
讨厌父母是不对的
俗世
对吧……是这样的……
哈哈哈
珍视父母
我
是我错了。你不要说话……
我
不要——
好痛苦——
感
我的感受
我的『感受』越来越暴躁。
好疼。
开什么玩笑，不可原谅。总是这样，忽略也要有个度吧？
刺
刺
我
感
怎么说呢，这令我十分难受。
我非常厌恶这种感觉。
父母都是为了你好
世
哈哈哈是吧
我好痛苦，为什么不听我说话？
感
忽略自己的感受成了一件理所当然的事。

于是，我开始倾听自己的感受
是啊。让你难受了！
好痛苦好痛苦
都是为了你呀
居然讨厌父母
要珍视父母
这样想是正常的，一点都不奇怪。
是妈妈太过分了。
这样想是应该的。
呜呜呜呜
不管别人怎么说，此刻，我就是这样认为的。
啊啊，我好恨啊！
是呀。因为妈妈实在是太苛刻了。
让人忍不住会想：如果不是这样的话，我的人生也许会更加美好。
啊……能够和自己的感受
相互信任、相亲相爱原来是如此温暖美好的事啊……
你能理解我，我好喜欢你
我也喜欢你。

也就是说，我一直都在用
都是你不好。
你总是不像个样子。
是我不好
我总是不像样子
我
感
妈妈对待我的方式对待我自己。
希望你可以成为我的伙伴。
妈妈
哼！
我
做我的伙伴
哼！
我
感
这是我对妈妈的期许，同时也是我对自己的期待。
我一直以为，只要能够得到妈妈的理解，我就会释怀。
但好像并非如此。
或者说，只有自己才能竭尽一切地去倾听自己内心的所有感受。
除此之外，再没有其他人能够做到这样。
自己完全可以做自己心事的听众。

第 3 章

父母为何会变得烦人

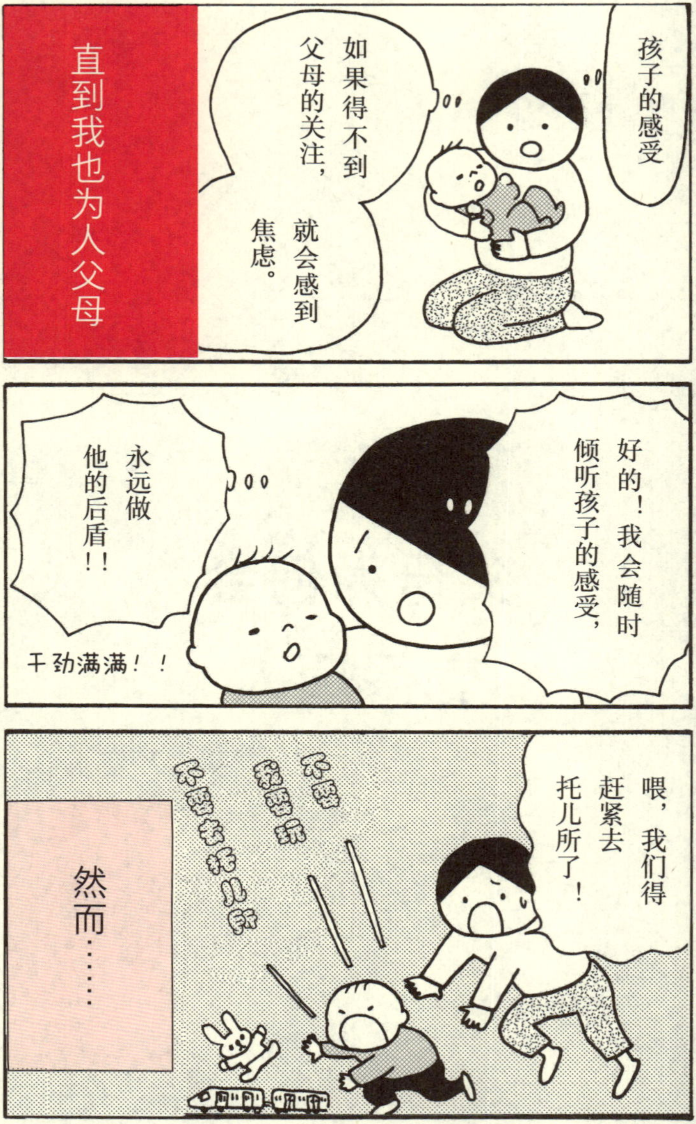

孩子的感受
如果得不到父母的关注，就会感到焦虑。
直到我也为人父母
好的！我会随时倾听孩子的感受，
永远做他的后盾！！
干劲满满！！
喂，我们得赶紧去托儿所了！
不要
我要玩
不要去托儿所
然而……

别说做他的后盾了。
我今天必须得把他带过去！
不要
『不想去托儿所』正是这孩子此刻的感受。
父母的作用就是
婴儿的冲动和欲望
困倦
排便
饥饿
莫名的不快
让孩子这个一无所知、各种冲动的结合体一般的『绝对』存在，
在满是规则的『相对』的社会中生存下去。
集体生活
规则
规矩
按照时间行动
和大家搞好关系
托儿所幼儿园
学校

让我们试着把世间的事物分成两个对立面来看待

把充满了规则的『相对』的一面叫作『A面』。
工作
劳动
租金
时间
纳税
学校

气候和灾害
冲动、情感、欲望等
自然以及人类本性中无法撼动的一面，我称之为『B面』。
只要能够一分为二地看待，

工作
遵照时间运转的社会
不上班收入就会减少
视若珍宝的孩子

婴幼儿无法一个人待在家里
不想去托儿所的感受

我现在正在做的，
就是把A面和B面连接起来……
头脑中也会更加清晰。

A面的存在是为了保护B面，
为了让大家可以卫生、安全、舒适地生活，制定与此有关的规则
公共卫生

厕所、下水管道等基础设施
无法抑制的便意
排泄欲
对卫生的生活环境要求极高的人体构造
排泄物、水等通过土地回归到大自然的循环机制

对于那些无能为力的事，
不去托儿所可不行啊!!
不要
怎么了啊?!为什么不去?!
A面
由A面负责生产工具
连接A、B两面的工具
B面
但同时也会利用、压抑和控制B面。

当然，也不是万事都会如A面所愿。
A面
「不可以随地大小便」的社会规则
公共卫生
设置
应急厕所
厕所基础
下水管道等设施
严重破坏
地震等天灾
便意
B面
B面有时也会占据上风。
那是在我怀孕的时候，我发现自己似乎来到了一个「全新的世界」。
不管是身边的环境还是其他的什么，明明和之前没什么两样，但就是觉得自己来到了「这一边」。
这是怎么回事啊……
遵照时间和规则生活
不管什么规则，只要自己的身体无法适应，就无法生活
对了，这里所说的「A面」「B面」是我主观上特别定义的，并不像磁带、唱片等的A面、B面那样有表达正反面的意思。
A面
B面
A面
B面
于是，我决定把另一边称为「A面」，自己当时所在的一边称为「B面」。
配合时间，约束自己
作为社会中的一分子而行动
A面
以人的身体和情绪都能管理为前提所制定的社会系统
腹中日益成长的宝宝
不知道何时迎来死亡
生命是不可控的
生命只有一次
B面
其他事物我们也试着划分一下看看吧。

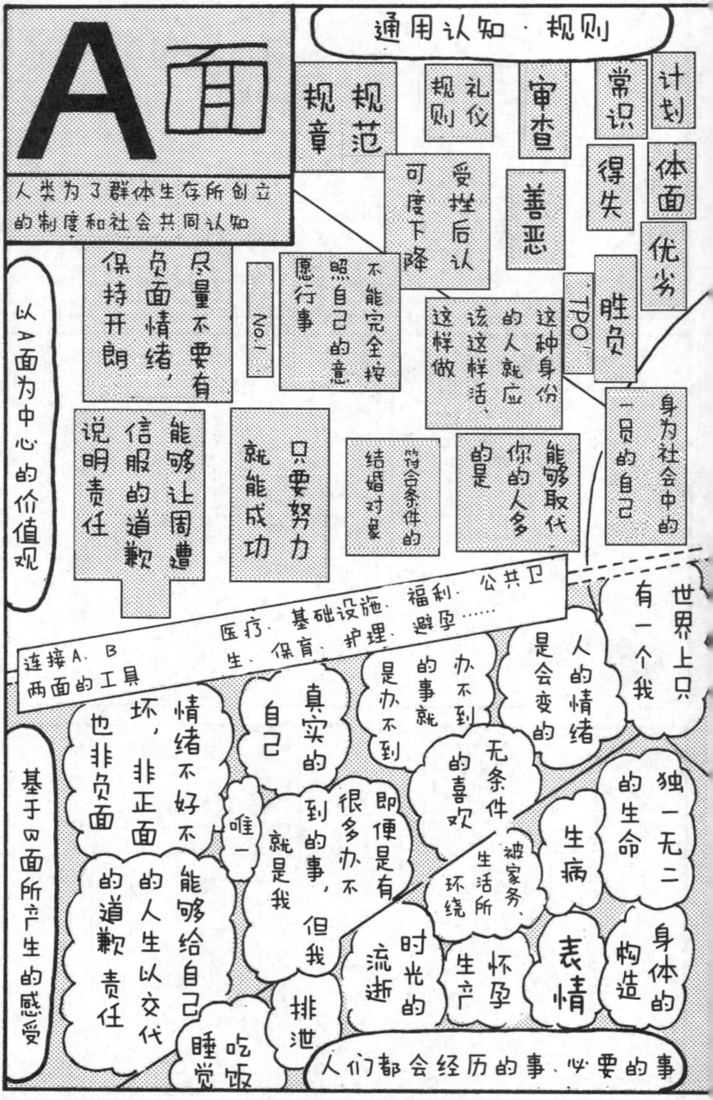

这张图上的A面、B面所呈现的都是最基础的事物

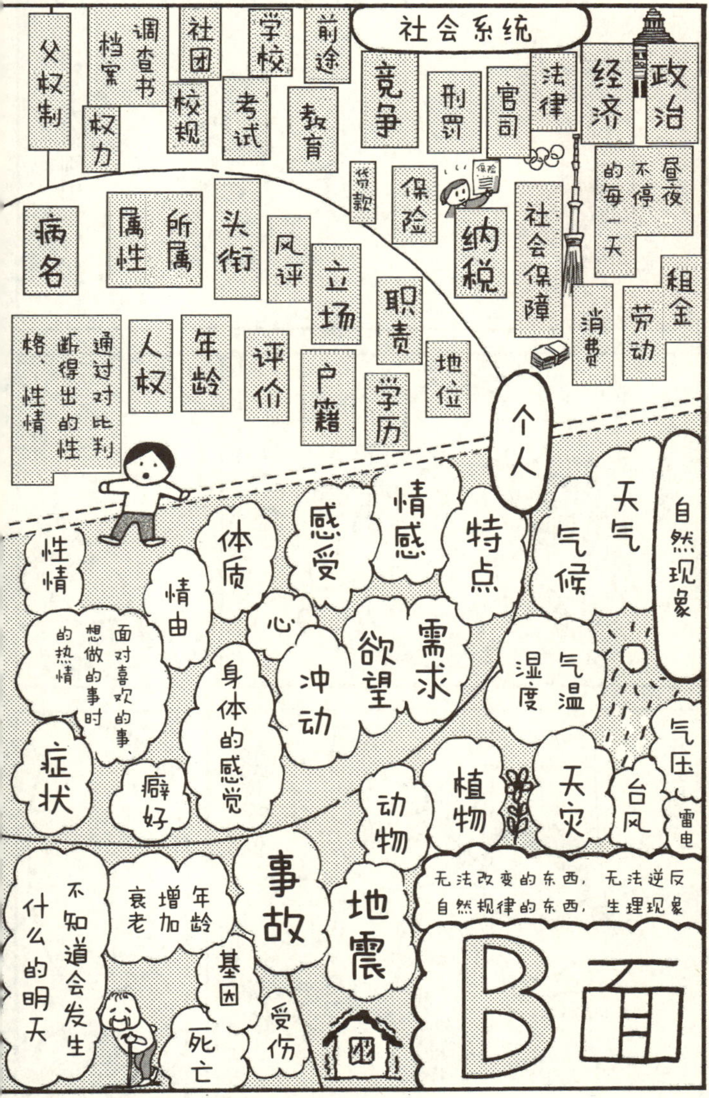

试着写下你自己所认为的A面、B面吧！

父母的职责

每个人在刚出生时，
都只有『B面』。
我想玩这个玩具。
这时的『B面』，
主要是指生理上的
冲动和欲求。
饥饿
排便
困倦
莫名的不快
还给她吧。
宝宝乐园
不可以随便拿走哦。
因为别的小朋友正在玩哦。

所谓父母……
不好意思啦。
对不起
没事没事
其职责就是教会孩子社会的『A面』吧，
不可以随便拿走
我想玩那个玩具。
也就是负责将『社会共识』传递给孩子……
父母就是负责告诉孩子『要把社会共识放在自己的感受之前』的人。
不可以随便拿走
然而对于向孩子传递『社会共识』的父母来说，

他们的脑子里同时也充斥着自己身为父母所要面对的『社会共识』。
孩子的无礼要由父母来善后
这样做可以让争执更顺利地平息
不能让别人觉得我们没有常识
紧张不安
一定不能做不礼貌的事
但当有其他家长在场时，
让孩子遵守规则
好想让他尽情地玩啊。
就会压抑自己的情绪。
在没有其他孩子在的时候，
尽情地玩耍吧。
明明是这么想的。
虽然那样做是正确的。
让孩子遵守规则
遵守规则吧
这条『社会共识』和父母自身的情感，和『父母为什么这么烦人』有着很大的关联。

当孩子长大后，
哎呀，快去洗澡啦！
不要再打游戏了！
嗯。
终于，我们也成功变成了『烦人的父母』。
烦人时的我是这样的。
一定要洗澡
小孩要睡够10个小时
有限的时间
一定要好好学习
明天要去学校
快点起床
快点去干！
担心 不快
嗯。
我想玩游戏
往往也是某一种『B面』的感受正强烈呈现时。
饥饿
想去厕所
困倦、疲劳
遇到了不开心的事
有想做的事
有必须要去做的事
本质上和婴儿没有什么不同
当『烦人』的程度增加时，

当『B面』相对安定时
好啦~
睡觉前妈妈给你们读故事。现在赶紧去洗澡吧~
一个上小学、一个上幼儿园
耶~
明明可以好好地把要做的事讲明白……
就像《悬崖上的金鱼姬》里宗介的妈妈一样……
但当『B面』开始躁动时
得快点让他睡觉，不然明天会迟到
小孩必须保证充足的睡眠
迟到时家长必须和学校联系
说起来孩子这么没规矩是父母的原因吧
不能对孩子发火
快点!! 快点!! 快点!!
焦虑 焦虑 焦虑
瞬间什么都说不出来了。
有时身体仿佛会变成一具空壳，任凭『社会共识』摆布。
这样做才不会吃亏！
一定要清楚未来的路怎么走！
现在这个阶段就得做这个！
这样做吧，那样做吧，要这么做。不对，还是那么做吧啦吧啦吧啦……
我那时候是这样做的。
如果惹出麻烦就完了。
我办不到。
??
如果能办到的话早就那么做了！

总之呢，父母所背负的『社会共识』要远多过孩子。
这么做好处特别多
听说这个阶段让孩子这么做比较好
学历与职业、收入的关系
这个人之前是这样的
谁谁的妈妈说的
干这种工作就可以过上这样的生活
小孩需要睡够10个小时
学习成绩和选择
经验类
信息类
社会体系
学校里的规则
不做让人讨厌的事
一定要吃早餐
这个这个，要这样做!!
快点快点
パッ
生活
生活方式
人生规划
学习方法
升学
职业
唰
啪
自以为可以预见孩子的未来，然后自作主张地对孩子下达各种指令。
这些指令中，有些是自己真的觉得应该让孩子知道的。
只要活着就必须得注意这些事
要是搞砸了可怎么办啊
但是说实话，也有一部分只是为了让自己心安。

啊！
不能让小孩迟到
迟到时父母要给学校打电话
此刻我的大脑已被这两种『社会共识』所占据。
烦躁
焦虑
然后我开始焦虑和烦躁。
这是为什么？
我会听一下自己内心的声音。
完蛋了—我刚刚好烦人啊。
每当想到这些，
烦死了
要迟到了！！
稍稍平静后
妈妈不想打电话，所以你就快点去吧。
有时候也会不小心说漏嘴
好
这个时候孩子倒是很淡定。
因为我不想给学校打电话……
所以我特别希望孩子能早点到！！
真讨厌啊
又麻烦
又尴尬
即便我唠叨也不会改变什么。
今天的『烦人』真是白费力气啊。
唉……
要这样做！
要那样做！
仿佛在另一个世界。

我的妈妈为何烦人？
不过是我的个人分析。
所以是因为那样，我妈妈才那么烦人的啊。
现在我大概能想象了。
看到口无遮拦地和别人说话的我，
妈妈是不是也为我捏了一把汗呢？
为什么会在回家的路上批评我？
有时候我看着自己的孩子也会这样。
因为成年人在和别人交谈的时候就有很多规矩。
不能只讲自己的事
不能表现得一脸无聊
说话不能咄咄逼人
不想你被别人讨厌！
担心顾虑

确实，如果直接劈头盖脸地说孩子一顿，心里好像会舒服一点。
那样不对！！
和别人交谈时不可以表现得一脸无聊
不可以只顾说自己的事
不可以讲冒犯别人的话
把孩子看成了自己。
担心
不安
哦。以前在这种情况下妈妈就爆发了。
当孩子明显做了伤害别人的事或被别人伤害时，我们当然要告诉他们成人世界的『社会共识』。
但是，父母需要面对的『社会共识』只属于父母。
要有眼力见
要察言观色
做事要周到
孩子将来会自己经历并获得这些感受。我们只需要在一旁守护他们。
为何要把我的失败告诉奶奶？
哇～！
这和回家路上基本上是同样的道理。
今天什么都没发生啊。
只有我自己在这儿担心害怕。
当我像这样倾听自己内心的不安时，心情也会平静下来。

妈妈为什么要喋喋不休地跟奶奶说这件事呢？
真是太丢人了。
好啦好啦！
这让我很讨厌。
妈妈倒是说得很起劲。
可能是因为奶奶平时对妈妈很严厉。
指责&打压
所以当奶奶对她笑时，她会感觉到安慰吧。
孩子也不容易呀
嗯～
或许妈妈也是为了得到奶奶的认同，
哼
认同我吧！
孙女的事
想让妈妈认同我……
认同我吧
认同我吧
才会那样竭尽全力的。

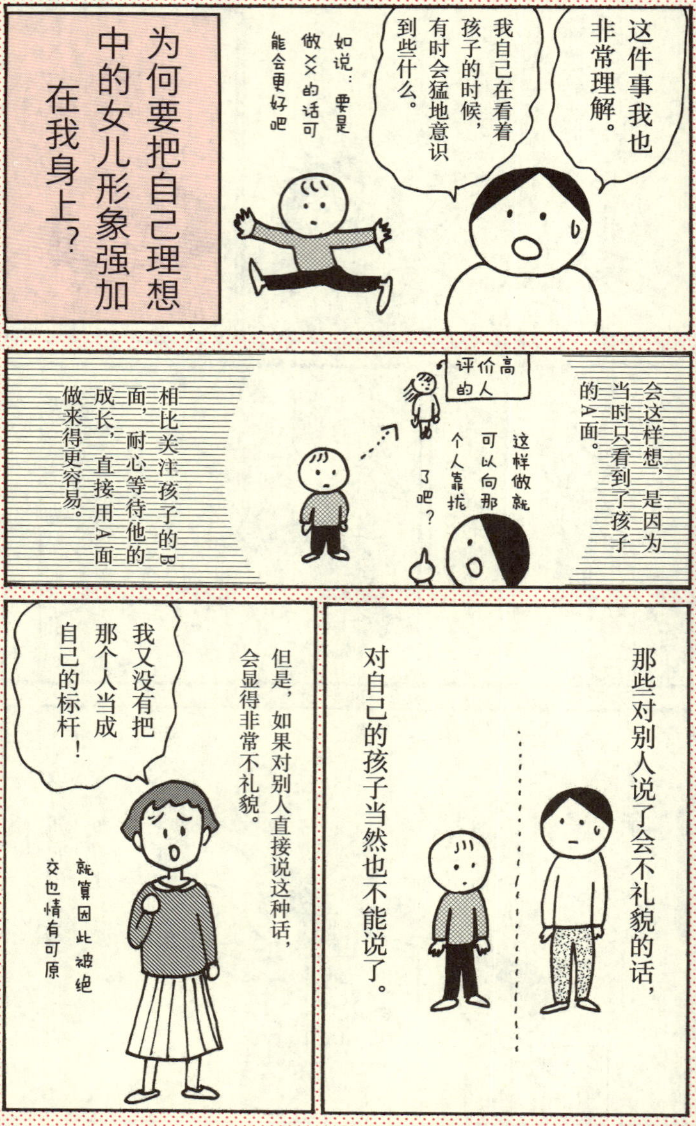
这件事我也非常理解。
我自己在看着孩子的时候，有时会猛地意识到些什么。
如说：要是做XX的话可能会更好吧
为何要把自己理想中的女儿形象强加在我身上？
会这样想，是因为当时只看到了孩子的A面。
评价高的人
这样做就可以向那个人靠拢了吧？
相比关注孩子的B面，耐心等待他的成长，直接用A面做来得更容易。
那些对别人说了会不礼貌的话，
对自己的孩子当然也不能说了。
但是，如果对别人直接说这种话，会显得非常不礼貌。
我又没有把那个人当成自己的标杆！
就算因此被绝交也情有可原

我才不会强迫自己的孩子去考初中。
小时候我就这么想。
在父母眼中，初中升学考试的意义非同小可
然而，
你们家要考初中吗？
我家会考哟。
我们正在考虑呢～
妈妈团
啊？
自己的小孩出生以后，我也一直这么想。
考初中什么的，无所谓！！
嗯
太可爱了
一想到升学对于孩子来说没准是件好事……
突然觉得，如果不让他考的话好像也不对。
还是可以考虑一下的
绝对不考！
啪嗒！
想法会发生一百八十度大转弯。

父母总是会提前预测
孩子即将遭遇的危机，
并试图帮他们规避危机。
快吹一吹！
同样的道理，
他们也会突然改变想法，认为孩子应该读个好初中。
我们会认真辅导孩子不擅长的科目。
辅导班说明会
好、好厉害啊……
感觉只要上了这个辅导班，好像什么样的学校都能考上……
学习课程
孩子的A面如果这样做，就可以变成这样。只要有人能够明确告诉他们这些，他们就会感觉踏实。
危机的预测和规避也不难啊。
偏差值
名校
录取率
合格
喜欢的事
着迷的事
尚不清晰的梦想
或许，我的妈妈只有在关注A面时，不安的心才能得到抚慰吧。
我现在懂了，当初妈妈为什么会不管三七二十一地给我请家教。

升入初中后，妈妈的唠叨变本加厉的真相
升学考试结束后，
不用学习了，再也不学了。
漫画
我开始变得松懈。
直到成年之后，我站在其他角度窥见了
妈妈当年愤怒激化的另一个原因。
妈妈的愤怒因此被激化。
你真是什么都干不好啊！！
是谁给你交的学费？是谁让你有家可回的？！
烦死了～
不是爸爸吗？
我一直以为，让妈妈愤懑的是我。
在学校里，我们经常会被问及未来的『梦想』。
有关工作和梦想的社会共识
劳动的义务
以梦想为目标安排升学和就业
不工作的人没有饭吃
梦想要远大
为了实现梦想进行必要的学习
男女平等
我们被教导『工作是一件寻常的事』。
这时的我开始意识到，『女性』和『工作』之间有着十分密切的关系。

长大后，我成了一名漫画家。
当然，也曾计划要一直工作下去。
当时，我也有自己的梦想。
我要做漫画家！
我要做营养师
我要做科学家
朋友们
然而，在我怀孕和生育之后，我要面对的社会共识突然就变了。
初中
高中
大学
步入社会
结婚
怀孕
生育
劳动的义务
选择适合自己的工作
实现梦想
母亲需要负责管理家人的健康
把孩子放在托儿所太可怜了
一名母亲最重要的工作就是做家务和育儿
女性的工作无关紧要，就是赚点零花钱
啊？是这样吗？
托儿所的数量也很少。
已经满员了。
劳动
租金
纳税
托儿所
多想把孩子寄放在里面，去工作啊。
育儿
家务
从很早以前开始，这些就是整个社会公认的论调。
一名母亲最重要的工作就是做家务和育儿
对女人来说，没有什么工作比育儿更重要
生完孩子后就应该辞掉工作

我也因为孩子上不了托儿所，不得已停掉了工作。真的很难受。
有一种被社会赶走了的感觉。
托儿所
不过近10年来，人们的呼声逐渐高涨，认为社会对女性的这种论调是不公平的。托儿所的数量也开始增加。
有太多的女性
离开了工作了10年的公司……
上不了托儿所，实在是太难了。
辞去了工作。
妈妈在结婚以前从事的是手工艺工作。
但在生了我之后就辞职了。
但据我了解，在我的妈妈生我的时候，社会上的论调更加露骨。
一些40年前针对未婚女性或母亲的社会共识：
结婚之后一定要做家庭主妇
女人只有生了孩子人生才完整
女人幸福与否取决于男人
24岁之前如果不结婚人生将会一片黯淡（女性）
后来，在我上中学的时候，她总是这样喊：
你这人对家里简直没有任何用处！！
亏我还给你交着高昂的学费！！
你没资格住在这个家里！！给我出去！！

现在回想起来，
那些也许是妈妈对她自己说的话。
如果我真的从家里出去，妈妈肯定也不会同意。
可她为什么还要那样说呢？
由于各种各样的压力，最终都发泄到了我身上。
因丈夫帮不上什么忙形成的压力
你这个人毫无用处，给我出去！
在那个扼杀自己的B面天经地义的年代，
母亲只要负责养孩子就可以了
女人的工作不过就是打发时间
反正我也做不了什么工作，那就这样吧。
那些为了压抑自己而说给自己听的话，
除了家务和育儿，我还有很多其他的事情想做
对孩子说那些不讲理的话，
也确实是错误的。
理解认同对方和否定他的某一种行为，这两种感受是可以同时存在的。
我非常能够感同身受……
妈妈也真是不容易啊……
不过，

饭团事件
曾经有段时间，我会给丈夫做便当。
但当孩子出生后，我变得特别忙，
于是丈夫不得不自己做便当。
可我总忍不住这样想
做便当是我必须要干的事啊，
我要是能早点起床不就好了吗？
我可真是不称职……
因为在我的心中，一直存在这样一条社会共识。
妻子要为丈夫做便当。
有一天，丈夫因为睡过头没有来得及做便当。
必须得让他带些什么。
做饭团吧，马上就好。
就算只做一个也可以!!
啊
一个饭团!!
是这么来的啊!!

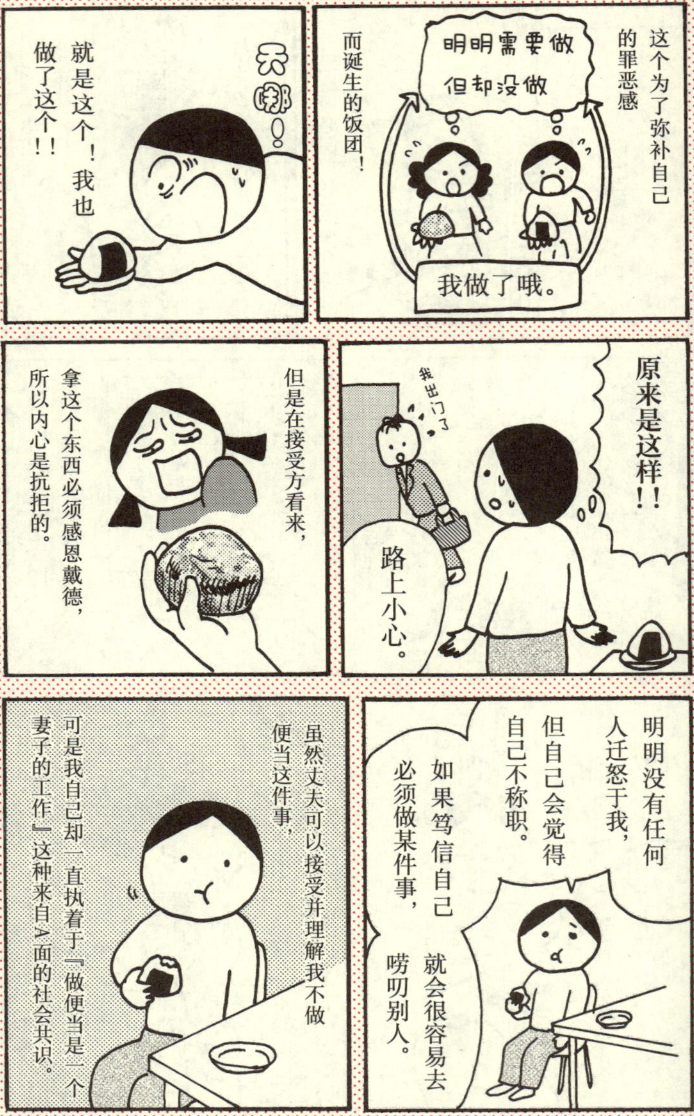

这个为了弥补自己的罪恶感
明明需要做但却没做
而诞生的饭团！
我做了哦。
天哪!!
就是这个！我也做了这个！！
原来是这样！！
我出门了
路上小心。
但是在接受方看来，
拿这个东西必须感恩戴德，所以内心是抗拒的。
明明没有任何人迁怒于我，
但自己会觉得自己不称职。
如果笃信自己必须做某件事，
就会很容易去唠叨别人。
虽然丈夫可以接受并理解我不做便当这件事，
可是我自己却一直执着于『做便当是一个妻子的工作』这种来自A面的社会共识。

长大后就懂了吗？

大人们总是
等你为人父母了，你就能理解父母的心情了。
会这么说。
但孩子是不断成长的，再用一般的手段就不行了。
5岁
好可爱 真聪明
10岁
啊
砰！
15岁
扑通
呜呜
做父母后，我确实懂得了很多事情。
我开始理解，只要这样做，孩子就会乖乖听话。
即便如此，跟孩子说那种话也是十分不负责任的。
等你长大后就懂了
这句话解决不了任何问题，只是用来堵住你的嘴
而父母需要一直管理他们。
呜哇！

第 4 章

如何与烦人的父母保持距离

烦人的父母
就像太阳
虽然烦人，
嘚啵
可以让我规律、规矩地生活
唠唠
叨叨
虽然很热、很讨厌，但确实可以把东西晒干
但是也并非对我们一点好处都没有。
值得感恩
但当他们过分唠叨时，
便会让我融化。
周围的人也不理解我。
真是不错的大太阳啊
真是幸运
得知道感恩啊
我开始渐渐失去自己的思考和感受，
……
仿佛变成了太阳的一部分。

调整阳光的强度（和父母之间的距离），并不是否定太阳（父母）的存在。
不过，我可以主动去调整阳光的强弱。
就像阳光过于强烈时使用遮光窗帘和太阳镜遮阳一样
我在高中时期，也一直用各种方式反抗。
那个做了吗?!
这个做了吗?!
用敬语说话
好的。
还没有做。我马上去做。
但是对于中学生来说，和父母保持距离是一件很难的事。
离家出走不可取
可是3天后
怎么回事!!不要因为我不说话你就蹬鼻子上脸!你不要太过分了!!
?!
有那么几天，妈妈没再唠叨。
……
哎呀，能够安静地生活可真舒服啊!!

有时也会主动地调整自己和孩子的距离。
呼
可能有些父母
嗯？他是怎么了？
难道是我太唠叨了？
但有一些父母会像我妈妈一样，他们会因此更加逼近孩子。
把窗帘和遮阳伞都给我拿开！！
啊
阳光的强度孩子是没办法调整和控制的。
亲子关系，是一个不具备任何能力的个体和一个比他强大的个体
生活能力
经济能力
知识
体能
管理能力
之间所建立和产生的关系。
和血缘无关
因为对孩子来说，父母是绝对的权力拥有者，
是绝对的强者。
子
父母

曾经我一度认为，只要遵从和不停自我灌输
你妈妈都是为了你好
怨恨父母简直太不像话了
都是我的错。
来自周遭的『社会共识』，就能和妈妈和谐相处。
然而，这样持续了一段时间后，我的心终于爆炸了。
不是都跟你说已经受不了了吗！！
无视自己的感受，
父母都是爱孩子的
怨恨父母简直不像话
不对过去的事耿耿于怀
不可以讨厌父母。
觉得父母讨厌是我不对。
讨厌、痛苦、受不了妈妈
安心
而选择与充斥在身边的『社会共识』为伍，就能获得一种没有被社会抛弃的安心感。

和『社会共识』的连接
不能讨厌父母
感恩父母
也消失了。
面对那么唠叨的妈妈，我讨厌她不对吗？
从那之后，我对自己说的话发生了改变。
觉得父母讨厌是我不对。
真的是我的错吗？
我的大脑变得一片混乱。
我不对吗？
不能讨厌父母
以后我该相信什么呢？
真的很没有安全感。
但也不想回到从前那样。
安心
我开始阅读有关亲子关系的书籍。
亲子
于是我决定关注自己内心的声音，
我自己想怎么做呢？
我喜欢什么？
把自己的感受放在第一位。

就这样，
你可以讨厌自己的父母
我找到了新的『社会共识』。
在书里，我看到了全新的看法，
亲子关系自助会
遇到了拥有不同价值观的人。
通过新『社会共识』的洗礼，
你可以讨厌自己的父母
咔嚓
暂时不想看到父母。
啊，感觉脚着地了。
安心
之前的这种感觉，
你可以讨厌自己的父母
讨厌父母是我不对吗？
安心
不知不觉我又站了起来。
接纳自己的痛苦
你可以讨厌自己的父母
并不是父母的一切都能被原谅
暂时不想看到父母。
呼
感谢你对我的理解
安心
原来这才是让人舒适的连接啊。

就像这样，当自己的身份发生变化时，自己当下所面临的『社会共识』
和大家友好相处
感恩父母
20岁之后要学会自己担责
劳动的义务
妈妈最重要的工作是育儿
有些来自周遭的环境，
也可以从自己的经验和思考中
这难道不奇怪吗?!
通过这样的发声，以往社会中那些固有观念也会慢慢产生变化
全新诞生而出。
也有一些是自己探索出来的，
你可以讨厌自己的父母
在这样的感受中，
你可以讨厌自己的父母
你可以听从自己内心的声音来行动
好像一辈子不见都没问题
我度过了一段平和的时光。
如今我和妈妈的关系

又要经历那种痛苦了哦。
有可能会被对方拒绝哦。
经过大量的心理斗争，
已经受够了。
不安
但还是想见见
可是后来，我萌生了一个新的想法。
好想让父母见见孩子
我终于带着孩子去见了父母。
你可以按照自己的想法行动
你可以按照自己的想法行动。
就可以选择继续不见他们，过平静的生活。
万一被拒绝，接受现实然后离开。
好的！可以啦！
做好了保护自己、对自己负责的决心，
那样做呀，不然这样做试试？
放松下来后，看起来也变得亲近了起来。
如今的妈妈

遇到这种情况时，
咔嚓
或许对方能感受到你的决心。
如果您再不依不饶的话，我会停止和您的往来。
坦然！
很感谢您能为我着想，不过那件事我不需要您的建议。
以后都不需要了。
说得也是，你也有你自己的考虑。
这事我以后不会再说了。

就是这个……
我想要的就是妈妈这种反应。
我终于能够和妈妈『平等』地进行对话了！
反而是妈妈，我觉得她在我还是孩子的时候就已经
这样做——那样做——去做那个、为什么不做？！
我可没有错！！
为什么我要在乎你的感受啊！
你说什么！受不了啦！
烦死了！！
在和我『平等』对话了。
那曾经让我非常痛苦。
这样做就可以了！！
年纪
知识量
经验值
权力
我又办不到
我听不懂，也不想干
年纪
知识
经验
大家所处的位置截然不同，但父母却要用自己的标准来要求孩子，这显然是不合理的。

妈妈所追求的东西，
源自她自己的心中所想。
得到奶奶的认可
树立"好妈妈"形象
要这样做—要那样做—
基于此提出的批评和指责，
在我看来只会让人觉得厌烦。
在自己成年而且为人父母后，我开始理解妈妈当初为什么会那么做了。
大众认可的"好妈妈"
快点去快点去!!
甚至我自己有时候
也会那样做。
如今我深切地体会到，当遇到问题时父母要做的只能是
此刻的我太过于想要做一个好妈妈了。
啊
对不起……是妈妈太着急了……
静下心来分析自己，
然后调整情绪。

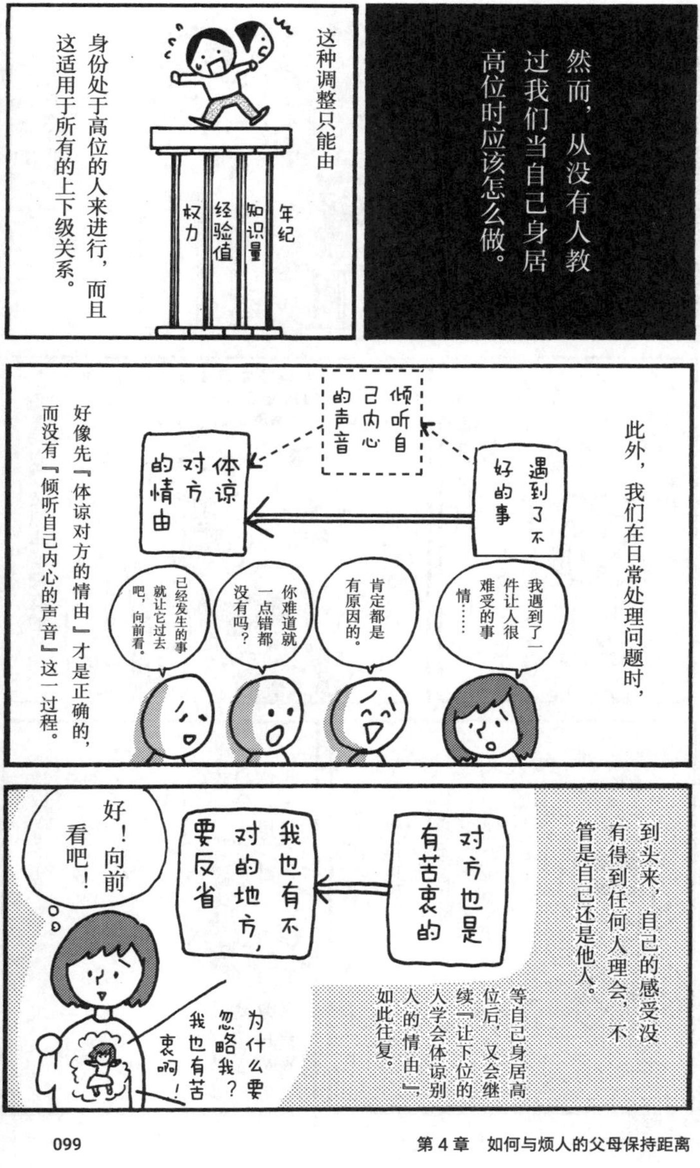
然而，从没有人教过我们当自己身居高位时应该怎么做。
这种调整只能由身份处于高位的人来进行，而且这适用于所有的上下级关系。
年纪
知识量
经验值
权力
此外，我们在日常处理问题时，好像先『体谅对方的情由』才是正确的，而没有『倾听自己内心的声音』这一过程。
遇到了不好的事
倾听自己内心的声音
体谅对方的情由
我遇到了一件让人很难受的事情……
肯定都是有原因的。
你难道就一点错都没有吗？
已经发生的事就让它过去吧，向前看。
到头来，自己的感受没有得到任何人理会，不管是自己还是他人。
等自己身居高位后，又会继续『让下位的人学会体谅别人的情由』，如此往复。
对方也是有苦衷的
我也有不对的地方，要反省
好！向前看吧！
为什么要忽略我？我也有苦衷啊！

好了，
差不多该结束了
在亲子关系中，
孩子往往很难赢得过父母。
恢复能力以及原本所拥有的自信，
父母和孩子之间有着很大的差别。
虽然能够察觉到自己的痛苦，但可归的家只有一个，所以最后连自我察觉的机会都没有了
早啊
我家孩子最近可难管了
我们家也是
没错 没错
对于伤害的接受方式、
你给我出去！一个人过去吧！
严重打击孩子自尊心的言语
消沉
也会有『找碴』『唱反调』这种间接型的对抗。
让你再说我不行、没用
……
恶补功课，变成成绩优异的学生
于是，当孩子对父母产生抵抗情绪时，
有『过分的言语』『失控』这种直接的对抗
烦死了
蠢人

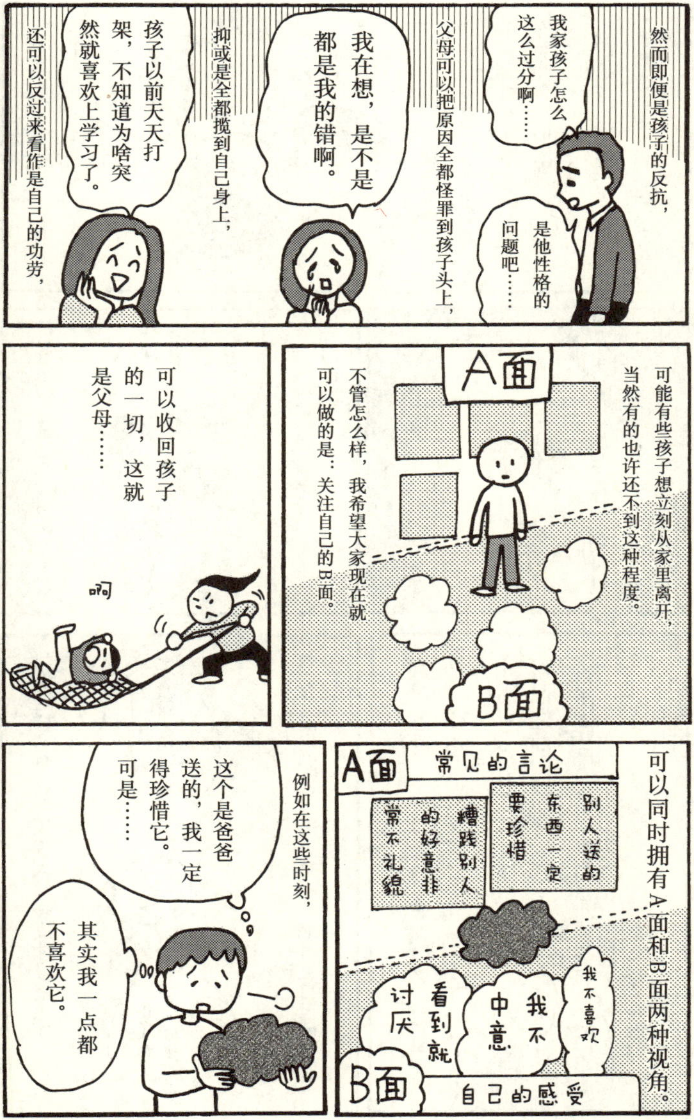
然而即便是孩子的反抗，
我家孩子怎么这么过分啊……
是他性格的问题吧……
父母可以把原因全都怪罪到孩子头上，
我在想，是不是都是我的错啊。
抑或是全都揽到自己身上，
孩子以前天天打架，不知道为啥突然就喜欢上学习了。
还可以反过来看作是自己的功劳，
可能有些孩子想立刻从家里离开，
当然有的也许还不到这种程度。
A面
不管怎么样，我希望大家现在就可以做的是：关注自己的B面。
B面
可以收回孩子的一切，这就是父母……
啊
可以同时拥有A面和B面两种视角。
A面
常见的言论
别人送的东西一定要珍惜
糟践别人的好意非常不礼貌
我不喜欢
我不中意
看到就讨厌
B面
自己的感受
例如在这些时刻，
这个是爸爸送的，我一定得珍惜它。可是……
其实我一点都不喜欢它。

于是，当孩子对父母产生抵抗情绪时……
确实是个不错的东西……
但我不喜欢，好难过……
虽然只是一些笼统的想法，但此刻的你无疑就是在关注自己的B面。
也就是说，你现在正处于『倾听自己内心声音』的状态。
如果必须要带在身上，
也要保证是在能接受的范围内。
一想到自己不喜欢它，就觉得好痛苦。
索性就假装自己很喜欢吧……
如果可以的话，你完全可以把这个东西从你的身边拿开，
甚至可以把它丢掉，也可以把它放到自己看不见的地方。
只有这样，自己对周围人的态度才会发生转变，
我们才能得到他人的理解，才能看见自己的内心。
当时我为什么会那么烦躁呢？
是因为那个人说了那种话，让我感到很难过。
最重要的是，在想让别人理解自己之前，『自己先理解自己』。
求理解!!
如果那样说出去的话，
借口
任性
倒打一耙
大多数情况下会被这样说

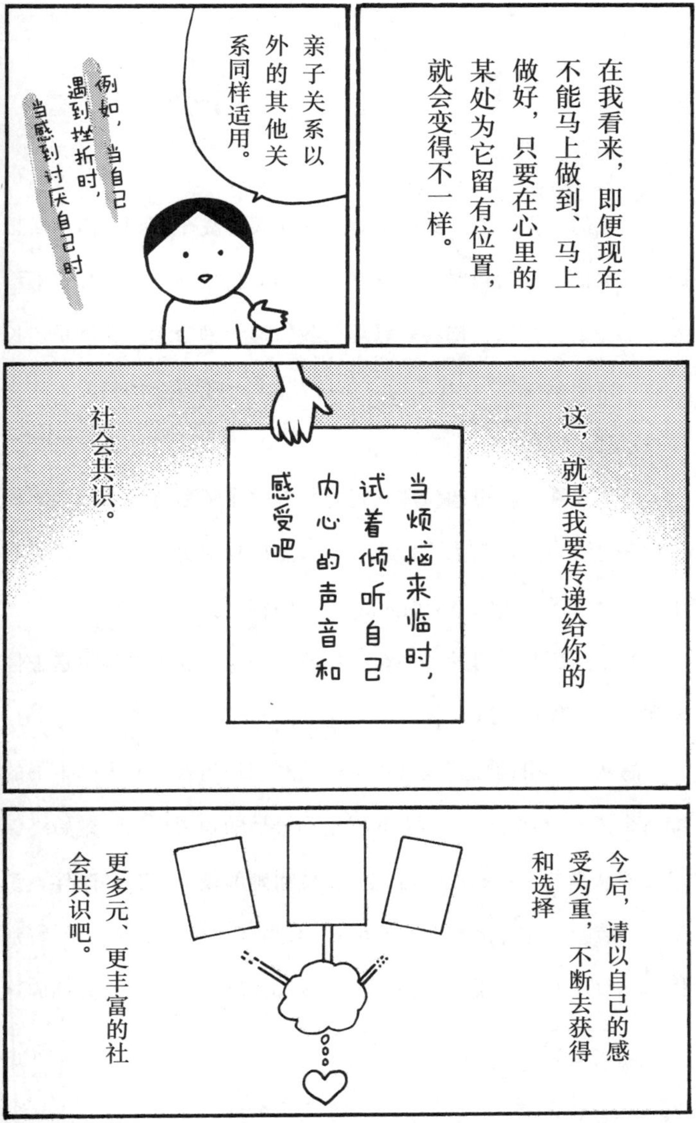
在我看来，即便现在不能马上做到、马上做好，只要在心里的某处为它留有位置，就会变得不一样。
亲子关系以外的其他关系同样适用。
例如，当自己遇到挫折时，当感到讨厌自己时
这，就是我要传递给你的
当烦恼来临时，试着倾听自己内心的声音和感受吧
社会共识。
今后，请以自己的感受为重，不断去获得和选择
更多元、更丰富的社会共识吧。

后记

在我的孩提时代，身边总有一些大人对我非常好。如今回想起来，可能是因为当时大家都知道妈妈对我特别苛刻，心生不忍才那么做的。大家仿佛在默默地向我传递一种信念，那就是“长大后一定要幸福呀”！我觉得，正是因为有他们温暖的目光，才支撑我走到了现在。

所以现在，我也想为那些正为父母的唠叨和苛刻而烦恼的孩子做些什么，虽然有点自作主张。当然，其中也包括我自己的孩子。这个时候，书里那个烦人的母亲角色就是我了……

为了给因与父母的关系存在问题、备受困扰的中学生送去信念和力量，我写了这本书。

感谢为本书的出版提供机会的筑摩书房的各位同人。本书的编辑金子千里女士，从本书的提笔到最后的顺利出版，她始终保持严谨认真的工作态度令我感动，感谢她的锲而不舍和陪伴。负责本书装帧设计的铃木千佳子女士，她为本书做的封面设计[1]特别优秀，每次看到她发来的设计方案我都欢欣雀跃。还有为完成这

1　中文版封面和日文版封面不完全相同。

本书付出心血的每位工作人员，以及其他相关人士，再次向大家致以诚挚的谢意！

还要感谢一直默默支持我的诸位读者朋友，真的非常感谢！

然后是我的两个孩子，N和Y。感谢你们的到来，让我有了为人父母的经历，让我有机会写下这本书。也非常感谢我的丈夫对我的支持。感谢我的父亲和母亲，谢谢你们对我的放任。感谢我的每一位朋友，感谢你们对我不厌其烦的帮助，今后也请多多关照哦。

最后，我还要感谢一位16岁的高中女生，感谢你在“Yahoo！智慧袋”上发表了名为“我的妈妈很烦人”的讨论帖。你的烦恼和问题为我写这本书提供了莫大的灵感，衷心感谢！

各位，大家一定要幸福呀！

田房永子

著作权合同登记号 图字：22-2024-002 号

图书在版编目（CIP）数据

为什么父母这么烦人？ /（日）田房永子著；禾每文译. -- 贵阳：贵州人民出版社，2024.1（2024.9 重印）
（Q 文库）
ISBN 978-7-221-18169-5

Ⅰ. ①为… Ⅱ. ①田… ②禾… Ⅲ. ①青春期－家庭教育 Ⅳ. ① G782

中国国家版本馆 CIP 数据核字 (2023) 第 255699 号

WEISHENME FUMU ZHEME FANREN？
为什么父母这么烦人？
[日] 田房永子 / 著
禾每文 / 译

选题策划　轻读文库　　出 版 人　朱文迅
责任编辑　杨进梅　　特约编辑　邵嘉瑜

关注轻读

出　　版　贵州出版集团　贵州人民出版社
地　　址　贵州省贵阳市观山湖区会展东路 SOHO 办公区 A 座
发　　行　轻读文化传媒（北京）有限公司
印　　刷　北京雅图新世纪印刷科技有限公司
版　　次　2024 年 1 月第 1 版
印　　次　2024 年 9 月第 3 次印刷
开　　本　730 毫米 × 940 毫米　1/32
印　　张　3.5 印张
字　　数　45 千字
书　　号　ISBN 978-7-221-18169-5
定　　价　25.00 元

客服咨询

小开本 轻松读文库

产品经理：邵嘉瑜
视觉统筹：马仕睿 @typo_d
印制统筹：赵路江
美术编辑：程　阁
版权统筹：李晓苏
营销统筹：好同学

豆瓣 / 微博 / 小红书 / 公众号
搜索「轻读文库」

mail@qingduwenku.com